ABRAHAM
LINCOLN

PAR

AUGUSTIN COCHIN

De l'Institut

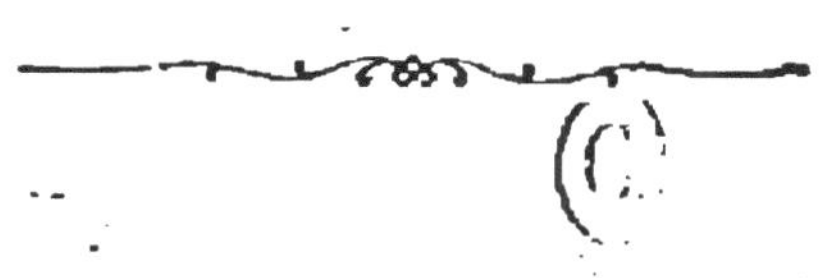

PARIS

(BIBLIOTHÈQUE LIBÉRALE)

LIBRAIRIE DEGORCE-CADOT

70 *bis*, RUE BONAPARTE, 70 *bis*.

1869

ABRAHAM LINCOLN

CONFÉRENCE PRONONCÉE LE 14 MARS 1869
A LA RÉUNION PUBLIQUE DU THÉATRE IMPÉRIAL,
PRÉSIDÉE PAR M. LABOULAYE.

Mesdames, Messieurs,

M. Laboulaye vient de vous dire qu'en vous
entretenant d'Abraham Lincoln, dont la mémoire
m'inspire une admiration enthousiaste, je n'aurai
pas de peine à intéresser mon auditoire ; je vais
tâcher d'y réussir, mais, pour ne pas abuser d'auditeurs qui ont eu le courage de venir par un aussi
mauvais temps, et pour arriver tout de suite à mon
héros en m'effaçant le plus possible, vous me permettrez de supprimer de mon discours tous les
compliments.

Je viens à Paris parler de l'Amérique, près de
l'auteur de *Paris en Amérique* ; il n'a pas besoin
de mes éloges pour être aussi populaire à Paris
qu'en Amérique. Pour moi, j'avais besoin de ses
compliments ; il me les a largement administrés.
J'étais cependant tenté de l'interrompre, s'il avait
été décent d'interrompre son président ; car, par
une malice que je ne puis passer sous silence, malice très-digne d'un cœur si généreux, il a mis

sous mon nom une partie de ce qu'il a fait lui-même.

Mais c'est assez, Messieurs, de compliments. Je n'en adresserai plus ni à mon président, ni surtout à moi-même. Je ne parle jamais en public sans me rappeler cet excellent conseil qui a été donné par un homme dont le nom vient facilement à la mémoire, à côté du nom de M. Laboulaye, quand il est question de États-Unis, par Alexis de Tocqueville, sous la protection duquel je place volontiers mes paroles.

Alexis de Tocqueville a dit un jour : « Il y a quelque chose de plus modeste que de parler de soi modestement, c'est de ne pas en parler du tout. »

Je me demandais, en entrant dans cette vaste salle et en vous entendant applaudir, avec une ardeur si méritée, quelques-uns des bons et grands citoyens qui me font l'honneur de m'entourer sur cette estrade, je me demandais quelle eût été l'impression de cet auditoire si, par hasard, dans un voyage à Paris, Abraham Lincoln se fût présenté lui-même ! Vous connaissez tous son nom, vous ne connaissez pas en détail son histoire, et je viens vous la raconter ; mais, à coup sûr, personne ici n'a la moindre idée de sa personne physique.

Figurez-vous donc que vous voyiez monter sur ce théâtre un grand homme de six pieds trois pouces, extrêmement gauche dans sa tenue, avec un large front et des cheveux qui, comme il le disait lui-même, « avaient l'ambition de faire leur chemin dans le monde, » des yeux profonds et mélancoliques, une large bouche qui aimait à éclater de rire, et cette barbe au menton que les Améri-

cains portent avec un goût aussi inexplicable que
caractéristique. Ce grand homme avait de grands
bras, de grands pieds et de grandes mains, et, si
vous l'aviez vu monter sur cette estrade, peut-être
qu'un sourire involontaire eût parcouru vos lèvres
et que plus d'un d'entre vous se serait dit : Voilà
un homme qui a de très-grands bras comme un
batelier et de très-grandes mains comme un charpentier.

En effet, Messieurs, cet homme était à la fois un
batelier et un charpentier. Il fut, dans cette condition obscure, simple ouvrier jusqu'à vingt ans;
il était, à vingt-cinq ans, à force de travail et d'é-
tude, devenu avocat dans une petite ville. A trente
ans, il était orateur populaire et membre de la législature de son État; à quarante ans, il était
représentant du peuple au congrès des États-Unis;
à cinquante ans, il était président de cet illustre
pays que M. Laboulaye définissait tout à l'heure
si bien — président d'un peuple libre — chef d'une
des branches les plus jeunes et les plus vigou-
reuses de la famille humaine. A cinquante-six ans,
il mourait assassiné, et il entrait dans l'histoire par
la porte magnifique du martyre, ayant eu l'honneur incomparable d'illuminer son nom plébéien de
trois rayons d'une gloire extraordinaire : car il avait
tiré sa personne de l'obscurité pour la porter à la
gloire, il avait arraché son pays à la discorde pour
le faire rentrer dans la paix, et il avait pris quatre
millions de ses semblables dans les chaines de
l'esclavage pour les introduire dans la terre promise de la liberté!

Vous pensez bien que, quand on a à parler d'un

tel homme, on est pressé do supprimer toutes les précautions oratoires et d'arriver face à face jusqu'à lui. Et pourtant vous me permettrez d'ouvrir une bien courte parenthèse.

Il y a toujours dans un auditoire parisien des gens pleins de malice, — je parle de l'auditoire, — il est convenu que, sur cette estrade, nous sommes tous pleins de candeur. Il peut donc y avoir, dans mon auditoire, des gens pleins de malice, qui s'imaginent que j'ai choisi ce sujet pour faire de la politique.

Je veux protester contre cette supposition pour plusieurs raisons.

Il y a, dans cette salle au moins trois personnes qui ne veulent pas que je parle de politique.

Vous vous trompez, si vous croyez deviner. — Il y en a une qui représente la loi, et très-sincèrement je veux respecter la loi. — Il y a une autre personne que je veux tirer de sa modestie, c'est l'organisateur plein d'intelligence et d'abnégation de ces réunions, c'est M. Yung, que personne n'a encore entendu, quoiqu'il soit très-bon à entendre, M. Yung, qui a fait le succès de ces réunions et qui, par ces réunions, a conquis comme un bon citoyen, pacifiquement, légalement, l'exercice d'un droit important. M. Yung tient à ce qu'on ne fasse pas de politique, et j'obéis à M. Yung, quoique je sois bien sûr de lui avoir désobéi en le nommant.

Il y a une troisième personne qui ne veut pas faire ici de politique, et cette personne c'est moi. Je ne suis pas plus débonnaire qu'un autre, j'aime assez les allusions, lorsque ces allusions tombent

sur la nation française comme l'aiguillon tombe
sur les flancs d'un coursier généreux pour l'exciter
à marcher en avant ; mais je n'aime pas les allusions, quand elles prennent la forme d'une comparaison entre ma patrie et des nations étrangères,
au profit de ces nations. Humble quand je la juge,
orgueilleux quand je la compare, les allusions me
semblent alors antipatriotiques.

Il y a d'ailleurs un défaut commun à toutes les
allusions. A force de dire que la France est malade, à force de lui supposer tant de maladies, ne
craignez-vous pas de lui attirer beaucoup trop de
médecins ?

On nous prend volontiers au mot. La France ne
mérite pas qu'on l'humilie en lui disant toujours
qu'elle est malade. Il y a, vous le savez, deux
écoles médicales: Il y a les médecins qui veulent
toujours inventer des remèdes nouveaux et tirer
du sang ; il y en a d'autres qui mettent à la diète,
vous couchent dans un lit et veulent vous endormir.

Je n'aime pas plus cette école que la première,
et pour moi, tout petit que je suis, et bien que je
n'aie pas un tempérament bien vigoureux, j'aime
à compter sur ce tempérament pour mes convales-
cences, et je me défie également pour moi, je me
défie pour mon pays, de ceux qui veulent tirer le
sang des veines et de ceux qui veulent endormir et
empêcher de rester debout.

Ainsi donc, trève aux allusions, elles sont dan-
gereuses; s'appliquant à une nation étrangère,
elles deviennent des comparaisons antipatriotiques. Mon honorable ami M. Laboulaye m'a

fourni tout à l'heure un autre argument qui m'a touché le cœur.

Pourquoi donc irions-nous incliner la France devant l'Amérique du Nord? S'il faut parler des défauts de la France et des dangers qu'elle peut courir, l'Amérique, elle aussi, a ses défauts et ses dangers. C'est une nation bien jeune, elle a encore à faire ses preuves, et il est puéril de la regarder comme le type d'une société parfaite. Mais si l'on veut parler des grandeurs des États-Unis, M. Laboulaye le disait tout à l'heure avec l'autorité de l'historien et l'ardeur du patriote, les gloires des États-Unis, elles sont à moitié françaises, les plus anciens noms de notre histoire se sont mêlés aux premières illustrations de la sienne ; dans la couleur de son drapeau, il y a du sang français.

Et c'est précisément, Messieurs, pourquoi je vous trouve si bien disposés à entendre parler des États-Unis. Oui ! que vous portiez vos regards sur leurs souvenirs ou sur vos espérances, souvenirs et espérances se trouvent entrelacés ; et comme, dans une salle de théâtre, il y a une scène où se passent les événements et un auditoire où on les comprend et où on les juge ; comme, entre vous et moi, en ce moment, il y a une communication qui s'établit, car je vois parfaitement quand le mouvement de mes lèvres provoque le mouvement de vos mains; entre Américains et Français, il y a aussi des fils, plus anciens, plus impossible à rompre, plus solides et plus rapides que les fils de l'électricité, et il ne se fait rien de grand en Amérique sans qu'on ne le sache et qu'on ne l'aime en France. La scène se passe en Amérique, l'émotion se res-

sent en France. C'est pourquoi je vous trouve
si bien disposés à partir pour ce lointain voyage,
qui nous conduit à la porte d'une petite cabane
dans le fond des forêts de l'Amérique en 1809.

Quand je vous parle des forêts de l'Amérique, je
ne vous parle pas de forêts de fantaisie comme
le bois de Boulogne ou le bois de Meudon, je vous
parle de véritables forêts impénétrables et sécu-
laires. Il faudrait avoir à son service tous les cou-
leurs de la poésie et de la peinture pour vous les dé-
crire dignement; mais vous avez tous lu les poëtes
et les romanciers, vous avez tous lu les romans
de Cooper, vous avez tous lu les récits de Château-
briand, je voudrais pouvoir ajouter que vous avez
tous lu les belles descriptions du premier poëte de
l'Amérique, Henri Longfelow; vous avez tous
entendu parler des merveilles des forêts vierges;
vous savez encore, je le suppose, ces belles comparaisons qui représentent les grands arbres dont le
murmure uni à celui des cataractes et des fleuves
rappelle des harpes gigantesques maniées par des
bardes antiques...; vous vous rappelez encore une
autre comparaison que je cherche dans ma mémoire à ne pas trop gâter comme la précédente,
ces bois de cyprès que le poëte a comparés à des
voûtes de cathédrales d'où pendent des drapeaux
pris à la guerre! Tout ceci est très-beau en poésie,
Messieurs; on peut faire beaucoup de poésie assis
sur un bon fauteuil; mais, en réalité, habiter au
fond de ces forêts, ce n'est rien moins que poé-
tique.

Il faut donc descendre de ces sommets pour
arriver à la réalité des choses et frapper à la porte

de cette petite cabane, — cabane, c'est le mot, Messieurs, — c'est une cabane où est né Abraham Lincoln. Ce n'était pas du tout une de ces grandes maisons comme il y en a maintenant dans Paris, et que l'on pourrait comparer à des omnibus juxtaposés à la file les uns des autres. Ce n'était pas non plus cette petite maison avec des volets verts, avec un puits, un rocher, une cascade, un petit champ de fraises, à laquelle tous les bourgeois pensent la nuit dans leurs rêves pour le repos de leurs vieux jours. Ce n'était pas non plus, ce n'était pas même cette respectable petite chaumière dont la fumée s'élève le soir comme un encens, cachée à l'abri d'une colline dans le pli d'un vallon, et que j'appelle respectable parce qu'elle est le séjour du travail et l'habitation sur la terre de l'immense majorité des créatures humaines. Ce n'était pas même la chaumière de nos villages, c'était une cabane de bois que le grand-père de Lincoln avait taillée avec sa hache, coupant dans la forêt assez de bois pour la construire, défrichant assez de terrain pour y semer un peu de grain. C'était une cabane tout juste assez grande pour contenir sa famille, qui se composait de sa femme et de cinq petits enfants, avec un lit de feuilles sèches dans un coin, et un trou dans le toit pour la fumée.

Ce brave homme était un vigoureux colon qui était venu à la fin du siècle dernier de la Virginie dans l'Etat du Kentucky, et qui y avait élevé sa nombreuse famille à la sueur de son front. On ne sait rien de sa vie, si ce n'est qu'un jour, comme il travaillait dans un champ, les anciens possesseurs de

la forêt, les Indiens, maraudaient dans le voisinage.
L'un d'eux vit le brave homme qui maniait sa
bêche, il tira dessus et le tua roide. On le trouva
étendu dans le sillon qu'il venait de creuser. Dans
la cabane pleurait une femme avec cinq petits enfants. L'un de ses fils s'appelait Thomas. Il était vigoureux, intelligent, il ne savait ni lire ni écrire,
mais il avait bon cœur. Il éleva ses frères et ses
sœurs. Dispersée plus tard ou décimée par la mort, la
famille se réduisit à deux ou trois membres. Thomas transporta ses pénates dans l'État voisin d'Indiana, et là il se maria avec une honnête femme
qui lui donna trois enfants. Le second de ces enfants s'appelait Abraham ; c'était le futur président
des États-Unis.

Toute l'enfance d'Abraham Lincoln peut se résu-
mer dans trois événements.

Jusqu'à vingt ans, sa vie fut très-cachée, et
quoiqu'on ait réuni, depuis la mort de cet homme
illustre, comme autant de reliques, tous les souvenirs de sa vie, je n'ai trouvé en fouillant moi-
même dans tous ces détails que trois événements
qui caractérisent et prophétisent son avenir.

Le premier de ces événements eut une influence
énorme sur ce pauvre enfant, ce fut la mort
de sa mère. « Tout ce que je suis, tout ce que je
voudrais être, a dit Lincoln lui-même, je le dois
à ma mère ; que sa mémoire soit bénie ! » Il est
bien rare, Messieurs, qu'en racontant la vie de
quelque grand homme, on n'ait pas à signaler, si
l'on regarde bien, l'influence dominante de la
mère sur ses premières années. Comme je vous l'ai
dit, Thomas, le père d'Abraham, était un homme

vigoureux et honnête, mais qui ne savait ni lire ni écrire, et qui avait bien assez de peine à donner à manger, par son travail, à sa femme et à ses enfants, pour s'occuper beaucoup ensuite de leur éducation. Mais sa femme, ah! sa femme, Messieurs, portant sans murmures le fardeau de la vie, pieuse, humble et dévouée, c'était une de ces créatures courageuses qu'il faut saluer avec respect partout où on les rencontre, parce que ces femmes-là, ces femmes obscures, ces femmes inconnues, savez-vous, Messieurs, ce qu'elles sont? Elles sont tout simplement le salut du genre humain.

Cette pauvre femme, il me semble la voir tenant son petit enfant sur ses genoux, dont il lui était impossible sans doute de prévoir les grandes destinées et dont il ne devait même pas lui être donné de contempler l'adolescence et la maturité; il me semble la voir tenant son enfant sur ses genoux, comme tant de femmes d'ouvriers, comme tant de pauvres mères qui sont en France et sur toute la surface de la terre, il me semble l'entendre lui dire: «Mon pauvre enfant, je ne puis rien pour ton corps, mais au moins tu boiras jusqu'à la dernière goutte du lait de mon sein et tu n'iras jamais dans les bras d'une mercenaire. Je ne peux rien pour ton esprit, mais du moins, malgré mon ignorance, je tâcherai de l'ouvrir, je tâcherai d'y faire descendre des rayons, je tâcherai de le tourner toujours en haut; je ne puis rien pour ton avenir; les bruits de la terre, les tentations du monde, les flots de la vie vont élever une voix foudroyante autour de toi, et ces bruits vont bientôt effacer le souvenir des paroles de ta mère, mais j'approcherai mes lèvres de ton oreille, et je te dirai avec une intensité si ardente le nom de Dieu, qu'il ne sera jamais effacé de ta pensée, qu'il n'en sera jamais écarté, et que jusqu'à la dernière heure de ta vie, ce nom sacré restera scellé dans ton âme par un baiser de ta mère ! »

Cette pauvre femme mourut lorsqu'Abraham Lincoln avait dix ans. Elle avait eu soin de le faire aller à l'école, et c'est le second événement de sa vie. Il avait appris à lire (comme vous le disait tout à l'heure M. Laboulaye) dans une de ces écoles gratuites qui, même à cette époque, n'étaient pas absentes dans les profondes solitudes de l'État d'Indiana, et, de plus, il avait assisté à la prédication ambulante d'un pasteur qui s'appelait Elkin, — le nom mérite d'être conservé, car vous allez voir quel brave homme était ce pasteur, — à l'âge où il perdit sa mère.

Quand il eut, avec son père et sa petite sœur, creusé un trou au pied d'un arbre et qu'il eut déposé là cette sainte dépouille, ce pauvre petit homme de dix ans, en s'en retournant à la cabane, eut une idée ambitieuse. Il passa une partie de la nuit à pleurer, car sa pauvre cabane, pour emprunter une expression touchante au poëte américain dont je parlais tout à l'heure, elle était devenue pour lui *comme un nid d'où la mère s'est envolée et sur lequel il est tombé de la neige* ; il passa l'autre moitié de la nuit, savez-vous à quoi, Messieurs ? on lui avait appris à écrire, et il avait un morceau de papier... Il se mit à écrire une lettre à ce vieil Elkin qui demeurait à peu près à cinquante lieues e là , lui disant qu'il n'était pas possible qu'il lais ât ainsi sa mère sans sépulture chrétienne et qu'il fallait qu'il vînt bénir son tombeau. Il confia cette lettre à un passant. Croyez-vous que le pasteur soit resté sourd à cette prière ? Non, elle fut entendue; le vieillard répondit que six semaines après il viendrait à cheval, et qu'on eût à prévenir les voisins ; et , en effet , au bout de six semaines, il arriva, les voisins vinrent les uns à cheval , les autres dans des chariots traînés par des bœufs, la plupart à pied ; on retourna à l'arbre au pied duquel le père de Lincoln avait déposé sa femme, et le petit Abraham eut la consolation de voir les larmes de ses voisins et les prières de son premier instituteur tomber sur la place où il avait déposé sa mère. Vous me pardonnerez d'avoir insisté sur ce premier trait de l'enfance de Lincoln, parce que ce premier événement est comme une prophétie de ce que sera cet homme excellent. « C'était, a dit énergiquement un de ses historiens, un arbre poussé sur la tombe d'une mère chrétienne. »

Le troisième événement n'est pas moins caractéristique. Un jour qu'Abraham Lincoln s'entretenait avec son premier ministre, M. Seward, et parlait de sa jeunesse, il lui dit : « Savez-vous, mon cher, quel a été le plus beau jour de ma vie ? jusqu'à vingt ans, non, je ne me doutais pas qu'on pût goûter un pareil bonheur; j'avais aidé mon père à faire une cabane plus belle que celle où je suis né, lorsqu'il lui plut de s'établir dans l'État d'Ilinois, » — un État, si vous regardez la carte, Messieurs, dont les frontières méridionales sont formées par l'Ohio et le Mississipi. — « J'avais aidé mon père à hacher du bois pour bâtir notre cabane, et j'avais gagné ma vie en devenant bûcheron ; l'idée me vint de faire un bateau : j'espérais qu'en portant les produits de l'endroit que nous habitions au marché de la ville voisine je pourrais gagner quelque argent ; je construisis mon bateau, et j'étais dans ce bateau tout neuf lorsqu'un jour deux voyageurs arrivèrent, très-pressés, faisant signe qu'on les conduisît bien vite à un paquebot à vapeur qui allait passer. Je fus le plus rapide à m'apercevoir de ce désir, je les pris dans mon bateau, je les conduisis à bord et, après l'embarquement, je leur ôtai poliment mon chapeau. Quel ne fut pas mon enthousiasme lorsque je vis que l'un et l'autre me jetèrent un demi-dollar. — Ce fut le plus beau jour de ma jeunesse ! — Ainsi donc, moi, pauvre enfant, j'avais pu gagner un dollar en senquelques minutes, la terre me parut belle, je sentis mon cœur se remplir d'une confiance qu'il n'avait pas encore connue. »

Quelques années après, nous retrouvons Abraham Lincoln chargé par un meunier de conduire un bateau de farine jusqu'à la Nouvelle-Orléans. En descendant le Mississipi, il fut attaqué la nuit par six noirs qui ne se doutaient guère qu'ils venaient rosser le futur libérateur de leur race, mais ils trouvèrent à qui parler, ils eurent affaire à un gaillard assez vigoureux pour les mettre tous en fuite et leur faire prendre un bain dans le fleuve. Ayant vendu sa cargaison à la Nouvelle-Orléans, Lincoln revint au pays, et le meunier le nomma son commis. Il fut donc, après avoir été batelier et charpentier, commis meunier dans la petite ville de New-Salem. Pendant qu'il était commis meunier, il se rendit au marché à la petite ville de Springfield, gagna quelques sous, et il eut la curiosité d'y acheter le journal et un livre, le *Commentaire des lois anglaises*, de Blackstone. Il revint très-fier de son acquisition et ajouta Blackstone à sa bibliothèque.

Il avait donc une bibliothèque?

Oui, Messieurs, elle se composait de deux livres. L'un lui avait été laissé par sa mère, c'était la Bible. L'autre lui avait été d'abord prêté par son instituteur, c'était la *Vie de Washington*; et puis, comme il avait emporté avec lui cette *Vie de Washington* et que, la pluie tombant dans la cabane, le livre avait été mouillé, il l'avait reporté tout penaud à son instituteur, et celui-ci lui avait dit : « le volume est abimé, eh bien! si tu veux travailler pendant trois jours sans salaire, tu auras payé la *Vie de Washington*. » Lincoln avait travaillé pendant trois jours, en sorte qu'il avait, en y comprenant Blackstone, trois volumes. Je vous le demande, Messieurs, ne voyez-vous pas encore comme une prophétie dans la lecture assidue que ce jeune homme jusqu'à vingt-cinq ans a fait de ces trois livres? Physiquement, il est le fils de Thomas Lincoln et de Nancy Hanks; mais j'ose dire que, moralement, il a eu pour père Washington, et pour mère, la Bible.

Nous ne nous faisons pas, Messieurs, dans nos pays civilisés, dans notre existence un peu raffinée, une idée suffisante de l'influence que peut avoir la lecture de la Bible sur un enfant de vingt ans au milieu des solitudes du nouveau monde. Mais figurez-vous que vous êtes vous-mêmes en face de la nature avec ce seul livre. Oh! comme il reprend sa splendeur incomparable, ce seul livre! il est précisément celui de la vie primitive, il porte le reflet de la vie nomade et de la vie civilisée, il est à la fois le livre des patriarches, des monarques, et aussi le livre des petits, des fugitifs, des exilés; il parle toutes ces langues à la fois, tantôt avec une inimitable passion, tantôt avec la simplicité la plus rude, la plus incorrecte, la plus familière, et tous ces transports de passion, toutes ces inspirations primitives sont jetées dans le cadre d'une histoire qui est l'histoire d'un peuple avec ses faiblesses, ses grandeurs, ses vices, ses vertus; et je trouve assise et radieuse, au milieu de ce peuple, l'idée magnifique de ce Dieu d'Israël, si antique et toujours si nouvelle, que tous les travaux de la philosophie, tous les progrès de la civilisation n'ont pu ni en effacer la trace, ni en égaler la splendeur!

Supposez, Messieurs, qu'à côté de la flamme qu'allume dans un jeune homme un pareil livre, une autre flamme patriotique se trouve allumée au même instant par la vie de Washington, que ce pauvre ouvrier obscur qui ne connaît rien de la vie, ouvre tout d'un coup ce livre où il est question de cet homme véritablement sans égal, de ce George Washington, dont lord Byron disait si bien : « Cet homme me remplit d'admiration parce qu'il est grand, et il me fait rougir parce qu'il est unique; » de cet homme qui a été un triomphateur modeste, de cet homme qui a pris le pouvoir dans les jours de discorde comme un fardeau sur ses épaules sans jamais songer à en faire un cercle d'or pour couronner sa tête ; de cet homme, enfin, à qui la postérité reconnaissante confirme ce bel éloge de ses concitoyens : « Il fut le premier dans la paix, le premier dans la guerre, le premier dans le cœur de sa patrie ! »

Je ne plains pas, Messieurs, je ne plains pas Abraham Lincoln de n'avoir connu que ces trois livres. En entendant, dimanche dernier, un de nos éloquents orateurs, M. Léon Say, parler en termes si excellents des lectures utiles, je souhaitais tout bas que l'on pût composer toutes les bibliothèques populaires d'une aussi heureuse façon et les réduire à trois volumes, un livre qui apprenne, comme la Bible, à croire en Dieu, un livre qui apprenne, comme la *Vie de Washington*, à devenir un citoyen, un livre qui apprenne, comme le *Commentaire* de Blackstone, à être ferme sur son droit.

Ne vous étonnez pas, Messieurs, si élevé à une telle école, notre petit commis meunier devint bien vite un avocat. Il ne faut pas parler beaucoup d'examens dans ce pays, surtout à cette époque. Il fut d'abord secrétaire d'un avocat ; puis, celui-ci, le trouvant peut-être un peu plus fort que lui même, le chargea de ses affaires et eut la bonté de lui prêter quelques livres. Voilà notre homme avocat, faisant le tour du *circuit* et allant chercher ses causes. On sait peu de choses sur sa carrière d'avocat ; il y a cependant deux ou trois faits qui montrent jusqu'à quel point il était vraiment un honnête homme. Savez-vous ce qui le préoccupait surtout ? Chose étonnante ! c'est que

ses causes fussent bonnes. Il ne voulait pas se
charger d'une cause à laquelle il ne croyait pas de
droits, et on le vit, chose de plus en plus surpre-
nante! il faut que ces choses-là se passent dans
l'Illinois pour y croire, abandonner son client au
moment de le défendre, parce que l'avocat adverse
venait de lui prouver très-certainement qu'il avait
tort. Ce n'est pas tout : il déployait dans ses fonc-
tions d'avocat une bonne humeur qui ne l'aban-
donna jamais, et qui fut certainement ce que les
Américains appellent le *Life's preserver*, le pré-
servateur de sa vie dans les circonstances difficiles.
Il aimait à rire, il aurait accepté volontiers ce
vieux proverbe français que vous connaissez tous :
« Il faut bien rire quelquefois, sans quoi on ne ri-
rait jamais », et dans ses plaidoyers on trouvait
de quoi penser et de quoi rire ; il les semait d'une
foule d'anecdotes, à ce point que ses calomnia-
teurs répandirent plus tard une foule d'histoires
sous le nom de *Farces du Père Abraham*, quand
il devint président des États-Unis.

Un jour, étant avocat, il avait pour adversaire
un de ces hommes qui parlent sans cesse du respect qu'on doit aux principes, aux *bases* de la société. qui ne veulent pas en démordre et qui disent toujours, avec leurs lunettes sur le nez, leurs
cheveux hérissés, une grosse voix tonnante, que
leurs adversaires ne connaissent pas les principes,
violent les principes, et qu'eux seuls enfin sont les
organes et les conservateurs des principes. Lincoln au lieu de se laisser déferrer, par cette vigou-
reuse argumentation de son adversaire en lunettes,
lui dit : « Mon cher collègue, vous m'avez rappelé

tout à l'heure une histoire qui s'est passée dans mon enfance. J'avais un voisin qui, en sortant de sa maison, prit son fusil et dit à son fils : Vois-tu là-bas un écureuil, il y a un écureuil sur cet arbre. — Non, je n'en vois pas. — Il tire un coup de fusil, il y a toujours un écureuil sur l'arbre ; un second coup, il y a toujours un écureuil : un troisième coup, l'écureuil est toujours là. Enfin il dit à son fils : Reprends ce fusil, il est évident qu'il ne vaut rien. — Mais non, mon père, ce n'est pas la faute du fusil, c'est tout simplement un poil de vos sourcils que vous voyez à travers vos lunettes, et que vous prenez pour un écureuil qui n'existe que dans votre tête. »

Un autre jour, Lincoln vit arriver chez lui la femme d'un homme qui lui était désagréablement connu. Cet homme s'appelait Armstrong. Dans sa jeunesse, il était à la tête d'une troupe de petits vauriens et il taquinait toujours ce bon Lincoln, si tranquille, si studieux, qu'on le voyait parfois, quand il avait fini sa tâche, berçant d'une main le petit garçon de son patron et de l'autre tenant devant ses yeux le journal de la localité. Armstrong, qui était un vigoureux gaillard, avait juré de faire sortir Lincoln de son calme et de le provoquer. Lincoln était brave, il alla sur le champ de foire où son adversaire lui avait donné rendez-vous, il y trouva Armstrong et, avec une force prodigieuse, il le mit sous ses genoux comme il aurait botelé une botte de foin, sans lui faire de mal ; il lui tint les mains quelques instants et ne le laissa partir que quand le vaincu eut demandé grâce. Eh bien ! c'est la femme de ce camarade qu'il avait rossé, qui plus tard vint conter à Lincoln, devenu avocat, qu'elle avait un fils digne de son père, et que ce fils était accusé d'avoir tué quelqu'un dans une rixe. Lincoln aussitôt accepta de plaider pour ce pauvre garçon, parce qu'il était le fils de celui qui l'avait défié jadis quand il était jeune. Il alla au tribunal, et malheureusement il eut le chagrin de voir que les preuves surabondaient contre son malheureux client. Cependant il était convaincu de son innocence. Il remarqua que tous les témoins disaient que le meurtre s'était passé au clair de la lune, une telle nuit, et alors, il les interrogea une fois, deux fois, trois fois, leur faisant répéter : c'est telle nuit?— Oui, telle nuit,— Au clair de la lune? Oui ! — Toujours au clair de la lune.—Oui toujours ! Ecrivez, greffier : c'est au clair de la lune. Et puis, quand tous les témoins eurent déposé et se furent ainsi accordés avec le plus grand soin sur cette circonstance, Abraham Lincoln tira de sa poche un petit almanach, et montra que cette nuit-là, il n'y avait pas de lune !

Sortons, Messieurs, si vous voulez de ce cabinet d'avocat où Lincoln se fit assez connaître pour que le nom lui soit resté de l'*honnête Abraham* (*honest Abe*). C'est un nom qu'il ne faut pas du tout prendre en mépris, l'*honnête Abraham;* on ajoute à beaucoup de noms une épithète qui ressemble à celle-là, mais qui n'est pas du tout la même chose, on dit l'*honorable*, j'aime mieux le surnom d'*honnête;* ce surnom fut donné à Lincoln dans sa vie privée quand il était un pauvre ouvrier boscur, et s'il a été honnête dans sa vie privée, nous allons le retrouver, ce qui est plus rare, honnête dans la vie publique.

A trente ans, cet honnête Abraham, ce modeste avocat, devint tout à coup orateur populaire et candidat à la législature de son pays. Il faut vous dire comment cela se fit. L'Illinois fut troublé par une guerre contre les Indiens. Il y avait alors un chef d'Indiens qu'on appelait le *Faucon noir*, qui faisait la guerre aux blancs à la façon des Arabes en Algérie, et qui inquiétait fort les habitants de cette partie de l'Illinois. On leva des bandes de volontaires; Abraham s'engagea et il fut nommé capitaine. Les mémoires que j'ai lus sur sa vie nous montrent comment se passaient ces nominations de capitaine dans l'Illinois; c'est assez bizarre. Les deux candidats se plaçaient en face des soldats, et puis, à un signal, les soldats marchaient droit à celui qu'ils avaient choisi pour capitaine, en sorte que celui qui n'était pas élu restait tout seul et était obligé de rentrer dans les rangs. Lincoln fut ainsi nommé capitaine; sa guerre ne fut pas du reste bien brillante : on tirait sur les Indiens, qui tiraient sur les blancs sans que personne fût atteint ou vainqueur. Il ne fut jamais bien fier de ses succès militaires; mais il se servit de cette circonstance de sa vie quand il se trouva en face de généraux fiers de leurs triomphes et qui voulaient faire les rodomonts devant lui. Il lui arriva un jour de répondre au général Cass : « Mais moi aussi j'ai été à la guerre, et le général qui prétend qu'il était à l'armée à la veille de telle bataille n'est pas plus brave que moi, car j'étais à tel endroit au lendemain de telle bataille; il prétend qu'il a souffert parce qu'il a eu à combattre des ennemis terribles, mais moi j'ai fait pendant quinze jours une guerre terrible aux moustiques. Il dit qu'il avait souvent faim, je vous assure que j'ai eu toujours un appétit dévorant. »

C'est de cette façon pleine de bonne humeur et de logique que Lincoln parvint peu à peu à acquérir une grande renommée d'orateur populaire dans les réunions publiques. En Amérique, les réunions populaires jouent un très-grand rôle. Il y en a de deux sortes, il y a des réunions populaires, — notez que je parle de l'Amérique, — tumultueuses, bruyantes, impatientes; orateurs et auditeurs sont également bruyants, impatients et tumultueux; l'auditoire écrase l'orateur, et les orateurs abusent de la patience de l'assemblée pendant une heure, deux heures, trois heures quelquefois. Les orateurs ont la prétention de faire sortir de leurs rêves la réforme de la société, de la famille, du capital, de la nation, du genre humain. C'est très-intéressant le premier jour, c'est moins intéressant le second, et il n'y a plus personne le troisième, — je parle toujours de l'Amérique.

Il y a d'autres réunions très-sérieuses, où l'auditoire est bienveillant, comme en ce moment, même envers un orateur insuffisant, où il s'agit de savoir quel est le pas précis à faire dans la voie de la liberté, non pas la grande enjambée, mais le pas pratique, légitime, à faire aujourd'hui, demain, toujours. Dans ces réunions-là, Messieurs, n'entrent pas ceux qu'on appelle en Amérique les déclamateurs (*declaimers*); mais ceux qu'on appelle d'un mot qui mériterait d'entrer dans la langue française, les débatteurs (*debaters*), et c'est là que Lincoln montrait une supériorité irrésistible.

La première fois qu'il s'y présenta, il s'agissait de nommer un candidat à la législature. Il y avait un orateur qui désirait beaucoup la fonction et qui avait parlé pendant trois heures durant sans s'arrêter, sans se fatiguer, sans s'interrompre, sans sourciller, sans se comprendre et sans se faire comprendre. Lincoln prit la parole après lui et il s'exprima en ces termes : « Je pense que vous me » connaissez ; je suis le pauvre Abraham Lincoln ; » ma politique se réduit à deux mots : je suis par- » tisan de la fondation d'une banque nationale, je » suis partisan de l'instruction populaire la plus » étendue, je suis partisan d'un tarif protecteur » très-élevé : c'est là ma politique ; si vous me » nommez, j'en serai reconnaissant, si vous ne me » nommez pas, ce sera tout de même. » Voilà quel fut son premier discours et son entrée dans la vie politique. Il fut nommé. Il se rendit avec neuf autres, — ils étaient neuf, presque tous ayant six pieds, on les appelait les longs neuf (*the long nine*), — il se rendit à pied dans la petite ville de Springfield pour prendre part aux travaux de la législature ; mais cette législature avait peu d'importance, et c'est surtout dans les réunions populaires que Lincoln se forma à la mission de l'orateur politique.

La question de l'esclavage commençait à devenir la grande question politique aux États-Unis.

Lincoln, depuis son enfance, était l'adversaire résolu de l'esclavage ; c'est lui qui a dit cette pa-

role si concise et si complète qui résume de longs
discours sur ce point :

« *Si l'esclavage n'est pas un mal, rien n'est un
mal.* » Attaché à cette parole, il était l'adversaire
décidé de l'esclavage à une époque où ce n'était
pas chose commode, où dans son État et dans les
États voisins l'immense majorité était contraire à
cette opinion, que contre ses intérêts, avec sa droi-
ture ordinaire, il avait adoptée dès la première
heure de sa vie et à laquelle il fut fidèle jusqu'à la
dernière.

Lincoln, dans ces réunions populaires, avait eu
affaire déjà, et il eut affaire pendant quinze ans de
sa vie, à un orateur d'une forte trempe qu'on appelait Stephen Douglas. Douglas était tout le contraire de Lincoln ; plébéien comme lui, mais beaucoup plus remuant, c'était un petit homme trapu,
avec des yeux brillants, des joues roses, une acti-
vité incroyable et un grand talent.

« Voyez mon adversaire Douglas », disait Lincoln lui-même, « tout le monde est pour lui; quand
» on voit des joues si colorées, des yeux si vifs,
» on en voit sortir des places, des ambassades, des
» faveurs; au contraire, qu'est-ce que vous voulez
» que l'on fasse avec un grand homme osseux,
» triste, dégingandé comme moi? On ne voit sortir
» d'aucun de mes membres des diners, des ri-
» chesses et des dignités. » Oui! il avait le désa-
vantage de l'apparence, mais il avait l'avantage
de la logique. Le combat oratoire acharné auquel
les deux orateurs se livrèrent en 1858, pendant
plusieurs mois, de ville en ville, est demeuré célèbre.

Lincoln et Douglas, comme cela arrive souvent dans les réunions populaires, avaient cependant à la bouche les mêmes mots, l'un et l'autre parlaient de liberté, ils se combattaient en arborant les mêmes devises.

Mais Lincoln n'eut pas de peine à faire sortir Douglas de cette position dangereuse, et il le fit avec la massue de sa logique, aidée de ses petites histoires. Il lui dit : « Vous parlez de liberté, il est évident que nous n'entendons pas de même ce mot-là. Quand un loup veut attaquer un troupeau, il dit au troupeau, pour peu qu'il soit un peu adroit : Je viens vous délivrer du berger, je suis un libérateur ; et quand le berger revient et qu'il veut obtenir du troupeau une soumission plus complète, à son tour il lui dit : Je viens vous délivrer du loup, c'est moi qui suis le libérateur. — Le libérateur, disait Lincoln, ce ne peut être à la fois le loup et le berger, il est probable que ce n'est ni l'un ni l'autre, que la liberté appartient au troupeau, et qu'il n'a pas besoin que personne la lui rende. »

Or, savez-vous à quel caractère, — et ceci, Messieurs, mérite de rester dans vos esprits, comme les deux articles du *credo* politique de tout homme qui, sincèrement, veut être un libéral, — savez-vous à quel caractère ce plébéien Lincoln, qui n'avait pas fait de grandes études, mais qui tirait tout cela du fond d'une conscience droite, savez-vous à quel caractère il reconnaissait le vrai libéral ? à deux caractères.

En premier lieu le vrai libéral regarde la liberté comme *suffisante*. Quand on a la liberté, on ne doit pas demander autre chose, on ne doit pas prétendre changer la société ni les hommes par voie d'autorité, la liberté suffit, pourvu que l'on s'en serve bien, voilà le premier caractère. Et le second caractère, auquel se reconnait un vrai partisan de la liberté, c'est qu'il aime la liberté pour tout le monde et surtout pour ceux qui lui sont désagréables.

Lincoln ne sortait pas de là, il n'acceptait pas la discussion sur un autre terrain : *la liberté suffisante* et *la liberté universelle*. Voilà les deux articles du credo politique de cet honnête homme.

Quelque j'aie déjà abusé, je le crains, de votre bienveillance (*non ! non ! parlez ! parlez !*), j'ai besoin de vous demander ici quelques moments d'attention.

Lincoln entra au congrès des États-Unis en 1816; sa célèbre discussion avec Douglas est de 1858. C'est dans cette période, sous les présidents Polk et Buchanan, que la question de l'esclavage grandit au point de dominer toutes les autres. Comment cela s'est-il fait? Comment ce point d'abord inaperçu était-il devenu le centre, le nœud, le pivot, de toute la politique des États-Unis, à l'intérieur et à l'extérieur?

J'ai besoin d'entrer dans quelques détails pour vous le rappeler, Messieurs.

Il y a, pour bien juger ces événements, deux points de vue, deux positions à prendre, selon que l'on regarde les événements de près, ou qu'on les regarde comme nous le faisions en France, d'un peu loin.

De près, l'esclavage n'a l'air d'être pour rien dans

le débat, c'est une question de prépondérance qui s'agite depuis vingt-cinq ans ou pour mieux dire depuis le commencement même de l'Union, entre les États du Nord et les États du Sud. Il semble, à regarder les événements de près, que ce soit autour de cette question de prépondérance que s'est agitée la politique des États-Unis depuis vingt ans. Il faut, pour arriver à la vérité, pénétrer dans le mécanisme même de la constitution des États-Unis.

Vous savez, Messieurs, que dans cette grande fédération, chaque État est séparé, et vous savez aussi qu'il y a un pouvoir central, composé du président, de quelques fonctionnaires et du pouvoir législatif qui se partage entre le congrès, c'est-à-dire la Chamb.e des représentants et le Sénat. D'après la Constitution des États-Unis, les *représentants* sont nommés *en raison de la population*, et dans la population la Constitution a fait compter pour un cinquième les personnes *autres que les citoyens ;* — le mot d'esclave n'est pas prononcé, — on fait compter pour un cinquième les *personnes*, c'est le terme, autres que les citoyens; cela veut dire que, comme en musique une blanche vaut deux noires, dans l'ancien régime des États-Unis, un blanc plus cinq noirs valaient deux blancs. Et comme il y avait en 1850 de quatre à cinq millions d'esclaves, c'est comme si l'on avait ajouté du côté du Sud, pour la nomination des représentants, un million d'électeurs de plus. Vous voyez tout de suite quel avantage cette situation donnait au Sud.

Pour l'élection au Sénat, c'était bien plus grave. Les sénateurs sont nommés *par État*, quelle que soit la population de ces États. Il résultait de cette disposition de la Constitution le désir pour les États du Sud d'annexer autant qu'ils le pouvaient des États nouveaux. Or vous savez quel est le mécanisme de la Constitution. Dès qu'il y a un certain nombre d'habitants sur un *territoire*, il arrive à un noviciat politique, il est reconnu ; puis quand le nombre des habitants augmente encore, le *territoire* obtient le titre d'*État :* on laisse le peuple qui l'habite libre de choisir sa Constitution et il a droit à la nomination de deux sénateurs. Vous voyez quel intérêt il y avait pour le Sud à s'étendre, à prendre aujourd'hui le Texas, demain le Mexique, après-demain Cuba, et à entrer dans cette violente politique d'extension et d'annexion qui souvent inquiéta les véritables amis de la liberté. Dans cette question de la majorité, soit pour la représentation des électeurs, soit pour la nomination des sénateurs, l'esclavage joue donc un rôle considérable, car en créant le plus possible d'États à esclaves, le Sud était assuré d'avoir la majorité dans la Chambre des représentants et dans le Sénat.

Ajoutons qu'aux États-Unis, la justice est admirablement organisée. M. de Tocqueville l'a décrite dans des pages connues d'un grand nombre d'entre vous. C'est la grande puissance stable au mouvement perpétuel de tout le reste. Or, en 1850, s'éleva devant les tribunaux la question de savoir si les esclaves fugitifs étaient une propriété, et si, une fois passés dans le Nord où l'esclavage n'existait pas, ils pouvaient être recherchés, pris par les autorités fédérales et ramenés à leurs propriétaires.

Cette abominable chasse fut autorisée par la loi.

Trois questions donc partageaient le Nord et le Sud, celle de la majorité dans la Chambre des représentants, celle du nombre des États pour l'élection des sénateurs, et celle des esclaves fugitifs, et ces questions revenaient à l'occupation de chaque nouveau territoire, à l'admission de chaque nouvel État, à l'élection de chaque nouveau président.

Voilà trois questions qui sont en apparence des questions de prépondérance et de majorité, et au fond desquelles en réalité se cache toujours la servitude.

C'est ici que je me permets de vous demander, après avoir examiné la lutte d'un peu près et être entré dans des détails difficiles à comprendre pour qui n'est pas familier avec les institutions locales, objet de déclamations passionnées dans les assemblées populaires, au Nord aussi bien qu'au Sud c'est ici, dis-je, que je vous demande la permission de regarder d'un peu loin, en nous plaçant non plus en Amérique, mais en France.

A ce point de vue, de haut et de loin, je ne crains pas de dire que les événements qui se sont déroulés en Amérique depuis vingt ans, et auxquels le président Lincoln a pris une si grande part, méritent d'occuper une place exceptionnelle dans l'histoire morale du genre humain tout entier.

Je ne crois pas que nous puissions jamais recevoir par les faits une plus grande démonstration de la puissance dévastatrice du mal et de la puissance réparatrice du bien.

Je ne crois pas qu'il y ait eu dans l'histoire d'au-

cun peuple, en aussi peu de temps, une démonstration plus éclatante, malheureusement aussi plus
sanglante, de ce fait, que quand les fondateurs
d'un État ont eu le malheur, ont commis la fai-
blesse de laisser l'injustice entrer dans la fondation
de la société qu'ils édifient, cette injustice si petite, si inaperçue d'abord, en peu d'années grandit
avec une puissance terrible. C'est comme un venin
que vous avez laissé tomber dans une source, et
qui empoisonne toutes les ondes qu'elle épanche,
c'est comme une étincelle jetée dans un amas
de combustibles et qui tout d'un coup suscite
un grand incendie. Ce n'était rien sans doute
devant la liberté américaine que ce petit mal,
que ce ver caché, que cette tache de l'esclavage si
petite alors, à laquelle on n'osait pas toucher de
peur de rompre le lien si fragile de la confédéra-
tion, et qu'on espérait voir s'effacer, d'ailleurs,
après peu d'années. On se disait : l'esclavage, c'est
une mauvaise plante qu'il est inutile d'arracher,
elle mourra à force d'être foulée sous les pieds.

Laissez s'écouler cinquante années et cette plante
malsaine, vous verrez qu'elle a tout envahi, au nord
aussi bien qu'au sud ! Le voisinage, le progrès, la
contagion de l'injustice, ont corrompu la nation
tout entière. Est-ce qu'il est possible, Messieurs,
que vous oubliiez ce qui est si facile à comprendre ? De même que les territoires matériels sur
lesquels vivent les sociétés humaines sont arrosés
par trois ou quatre grands fleuves, de même leur territoire moral est arrosé par trois ou quatre grands
principes. Quand vous touchez à ces principes-là,
Messieurs, tout est perdu. Et comment voulez-

vous que ces principes qui s'appellent dans tous les
pays, sous toutes les latitudes, à toutes les époques,
la propriété, la famille, la justice, comment voulez-
vous qu'il en reste un seul debout en présence de
l'esclavage ? La famille ! et de quel droit prêchez-
vous le respect de la famille, si vous séparez le
mari de sa femme et la mère de ses enfants, et si
vous donnez à un jeune homme de dix-huit ans
une jeune fille de dix-huit ans pour esclave ? La
propriété ! et de quel droit demandez-vous à la loi
de protéger ce fruit sacré du travail lorsque vous
l'appliquez à un bien que le travail n'a pas produi,
lorsque vous consacrez cette iniquité qui consiste
à faire que quelques personnes mangent leur pain
à la sueur du front des autres? Et la justice ! comment voulez-vous que je croie à la justice, que j'appelle la force à l'appui de la justice, lorsque votre
droit boiteux ne fait pas cette distinction qui est à
la base de tous les codes, cette distinction radicale
entre les choses et les personnes, les choses sus-
ceptibles de propriété, et les personnes à jamais, et
à aucun prix, et à aucune condition, et sous aucune civilisation, échangeables et aliénables, comme
des denrées et des bestiaux !

C'est parce qu'ils recélaient dans leurs flancs
cette corruption originelle, c'est parce que ce ver
était dans le fruit, parce qu'il y avait, au début de
leur constitution, cette petite tache, qu'ils ont si
vaillamment lavée dans leur sang, que les États-
Unis, aussi bien les États du Nord que ceux du
Sud, — car le préjugé contre les noirs y était également répandu, le Nord refusant à ces malheureux
l'égalité et le Sud la liberté, — que les États-Unis,

dis-je, en étaient venus à descendre dans l'estime de l'Europe et à inquiéter tous les amis de la liberté, qui auraient volontiers considéré cette terre comme la terre de Chanaan, comme la terre promise de l'avenir, sans cette souillure qui ne permettait pas d'en parler sans rougir.

A côté, Messieurs, de cette puissance dévastatrice du mal, ah! laissez-moi admirer avec vous la puissance réparatrice du bien. A côté de l'injustice, si grand que soit son triomphe, si universelle que soit sa puissance, il y a toujours une petite place, n'est-ce pas? pour la justice! Elle se cache obscurément dans la poitrine de quelques citoyens obstinés, ridicules d'abord, désagréables, troubles-fêtes, dont on ne veut pas, dont on médit, dont on calomnie les intentions. Il y eut, aux États-Unis, des fous qui se faisaient prendre, mettre en prison, pour cette idée fixe; ils étaient petits, ridicules, impuissants, isolés. Et puis il se trouva qu'un beau jour l'idée de ces fous, l'idée du pauvre imprimeur, mon ami, M. Loyd Garison, fut épousée par quelques consciences généreuses, par un homme évangélique comme Channing, qui la revêtit de toute la magie de sa splendide et pure éloquence. Cette idée, elle passa sur la harpe d'un poète, d'un Longfellow, qui en tira des sons harmonieux pour honorer, pour embellir et ennoblir ces créatures que l'on méprisait. Puis, tout d'un coup, sous la main délicate d'une femme, elle prend la forme pathétique du roman. Madame Beecher-Stowe dit ce que son cœur a senti, ce que ses yeux ont vu, et ce roman fait non-seulement le tour de son pays, il fait le tour du monde, il

vient remuer et susciter au loin cette opinion
européenne qui sera ce témoin du duel dont parlait tout à l'heure M. Laboulaye, M. Laboulaye,
qui a sa part aussi dans le grand ouvrage qui se
prépare. Puis, quelques jurisconsultes, touchés
lentement, mais touchés enfin parce que leur
conscience est voisine de leur cœur, un Sumner,
un Seward, un Chase, arrivent à se demander si
ce mal, que tant d'âmes généreuses ressentent,
que tant de poëtes maudissent dans leurs vers mé-
lodieux, si ce mal, on ne pourrait pas petit à petit
l'attaquer, le miner, le combattre, le chasser de
la loi publique !

Messieurs, je disais tout à l'heure que c'était là
une admirable histoire, la page d'honneur (ce mot
est de M. Pelletan) de l'histoire du XIX⁴ siècle.
Que nous disent donc les poëtes et les peintres
des orages de la nature, de la lutte des éléments,
du choc des armées ? Est-ce qu'il y a quelque
chose qui mérite davantage les efforts de l'éloquence, les séductions de la poésie (1), la magie
de la parole, sous toutes ses formes, que ce combat
merveilleux entre ce petit mal qui grandit et do-
mine un instant comme le feu, et ce petit bien
qui résiste, s'élève et devient une rosée bienfai-
sante jusqu'à ce qu'enfin, malgré mille indignités,
malgré mille grossièretés, parce que la lutte se
passe sur la terre, mais aussi grâce à mille efforts
généreux, la bataille se décide, et l'on jouit d'un

_____

(1) L'Académie française n'a pas hésité à proposer la *Mort
de Lincoln* pour sujet du concours de poésie en 1867, et le
prix a été décerné à l'œuvre vraiment belle d'un de nos meil-
leurs poëtes, M. Édouard Grenier.

spectacle, bien rare, bien consolant sur la terre, on goûte avec ivresse la satisfaction de voir qu'une fois le droit a triomphé, et que la victoire a été du côté de la bonne cause, défendue par d'honnêtes gens et servie par d'honnêtes moyens ?

Il me reste à vous dire, en peu de mots, la part que prit Abraham Lincoln dans cette grande lutte de l'histoire du XIX⁰ siècle. Cette part, soit au Congrès, soit dans les assemblées populaires, fut si grande, si puissante et en même temps si modérée, car, je vous le rappelle, il avait toujours, d'un côté, le livre qui lui apprenait à détester l'esclavage, mais, de l'autre, il avait le livre qui lui apprenait à respecter et à suivre pas à pas les lois; cette part, dis-je, fut si grande, si puissante, si modérée à la fois, que, lorsqu'une grande réunion, une grande convention, comme on dit aux États-Unis, s'assembla, en 1860, à Chicago, pour l'élection d'un président, il fut proposé comme candidat. Il y avait six candidats, tous plus connus que lui, et surtout le célèbre Sewart, dont le nom est attaché au sien, et qui mérite de partager sa gloire; ils furent ballottés dans la convention de Chicago, une de ces villes dont on connaît à peine le nom lorsqu'elles sont déjà grandes comme une capitale; et, dans cette convention, on arriva, après une séance qui n'en finissait pas (comme celle-ci, je le crains bien) à ballotter le nom de Lincoln six ou sept fois.

A l'avant-dernier ballottage, un de ses amis lui écrivit par le télégraphe, car il était alors tranquillement dans sa petite maison, à Springfield : « Vous serez nommé, si vous promettez d'accor-

der les places d'avocat général et de directeur général des postes à tel ou tel. » Lincoln répondit
aussitôt par cet'e dépêche : « Je n'accepte aucun
marché et je refuse absolument. » Le soir, une
autre dépêche lui apprit qu'il était Président de la
République ; on vint lui dire cela dans sa petite
maison, et ce fut bientôt un tumulte extraordinaire à sa porte ; la nouvelle s'était répandue, et
personne n'y voulait croire.

Il y avait surtout, dans les groupes, un gros
Anglais établi à Springfield, qui criait tant qu'il
pouvait : « C'est impossible ; comment voulez-vous
qu'on nomme Président de la République des États-
Unis un homme que j'ai vu ce matin aller chercher,
dans un papier, pour dix sous de beefsteak et l'em-
porter pour son déjeuner ? »

C'était bien lui cependant, c'était Abraham
Lincoln qu'on avait choisi comme Président des
États-Unis, et, deux jours après, une députation,
ayant à sa tête le gouverneur de l'État, vint lui
annoncer cette grande nouvelle. Il la reçut avec
autant d'embarras que de tristesse, car il savait
bien à quoi il s'engageait, et il n'avait pas grande
confiance en lui-même; mais il la reçut avec une
simplicité véritablement touchante. Il alla ouvrir
lui-même sa porte ; et puis, quand on lui eut
annoncé qu'il était Président des États-Unis, ju-
geant qu'il ne pouvait pas recevoir une si grande
nouvelle sans prier ceux qui la lui apprenaient de
se rafraîchir un peu avec lui, il appela sa servante,
fit apporter des verres, et il dit aux membres de la
députation : « Je vous demande pardon, mais je
n'ai pas d'autre breuvage que de la bière, la pure

bière du père Adam, c'est-à-dire un verre d'eau. » Puis il les fit boire et trinquer ; il est vrai qu'on était au mois de juin, non au mois de janvier, et que les citoyens qui avaient l'honneur de trinquer avec lui n'étaient pas des pompiers.

Après cette acceptation si simple, Lincoln passa deux ou trois mois dans sa petite maison, parce que la convention, qui avait eu lieu au mois de juin, devait être suivie de l'élection régulière au mois de novembre et de l'installation au mois de mars. Pendant ces quelques mois, il fut étonné de voir arriver, dans cette petite maison, un nombre extraordinaire d'amis qu'il ne se connaissait pas du tout, et il se prit un jour à dire à sa femme : « Je suis très-surpris ; je reçois maintenant le sixième de la nation, qui voudrait vivre aux dépens des autres cinq sixièmes ; mais je ne veux pas du tout entendre ces solliciteurs ; on ne saura qui je veux choisir pour mes fonctionnaires que quand je serai installé à la Maison blanche. »

Laissez-moi, Messieurs, passer sous silence ces mois où il dit adieu à son humble retraite, et permettez-moi de vous lire, ce n'est pas long, le discours que fit Lincoln aux habitants de Springfield lorsqu'il partit pour la ville de Washington et prit congé de ses concitoyens. C'était le 11 février 1861 ; il se séparait de ces bons habitants de la petite ville où il avait passé sa vie presque entière, et voici en quels termes, à la fois touchants et solennels, cet honnête grand homme se sépara de ceux qui avaient été si longtemps les témoins de ses obscurs et courageux efforts :

« Mes amis, personne ne peut sentir quel degré

« de tristesse j'éprouve en me séparant de vous. Je
« dois à ce peuple tout ce que je suis. J'ai vécu ici
« plus d'un quart de siècle. Ici sont nés mes en-
« fants, ici l'un d'eux est enterré. Je ne sais si je
« vous reverrai jamais. Le devoir qui pèse sur
« moi est le plus lourd qui ait pesé sur les épaules
« d'aucun homme depuis les jours de Washington.
« Il n'aurait jamais réussi sans l'aide de la Provi-
« dence à laquelle il eut toujours confiance. Je
« sens que je ne puis réussir à mon tour sans la
« force qui le soutenait, et dans le même Dieu je
« place mon espérance. Vous, mes amis, priez-le
« de m'aider. Sans lui, pas de succès ; avec lui,
« pas de revers. Je vous envoie à tous les adieux
« d'un cœur qui vous aime. »

La série de discours qu'Abraham Lincoln prononça, entre Springfield et Washington, a été con-
servée (1). Je ne compte pas vous les lire tous, il
s'en faut ; je ne puis cependant résister au désir
de vous citer quelques mots des discours qu'il prononça à Trenton, puis à Philadelphie.

A Trenton, dans l'État de New-Jersey, on le vit
tout d'un coup tirer de sa poche un petit livre bien
usé qui était cette même *Vie de Washington* qu'il
avait lue avec tant d'assiduité dans sa jeunesse, et
il dit ces paroles : «Messieurs, je ne puis passer dans
« votre État sans me rappeler les grands combats
« qui s'y sont livrés. J'ai appris à aimer mon pays
« dans ce petit livre, et, quand je lisais les récits
« des luttes que nos pères ont soutenues pour l'indé-
« pendance, je sentais bien que ces gens-là se bat-

(1) *The martyr's monument*, précieuse collection due à
l'initiative de M. Francis Lieber.

« taient pour quelque chose d'extraordinaire... »

Arrivé à Philadelphie, il fut introduit dans la salle même où avait été proclamée l'indépendance. On lui demanda de lever, au moyen d'une corde, le drapeau qui était au-dessus de l'édifice ; et là, avec simplicité, mais avec un accent attendri, il prononça ces simples paroles : « Mes amis, vous me priez de « lever le drapeau sur cet édifice où a été pro- « noncée la déclaration de l'indépendance. C'est « bien une image de ce que je suis. Ce n'est pas « moi qui ai fait ce drapeau, ce n'est pas moi qui « ai fait la machine pour le lever, ce n'est même « pas moi qui ai fait la corde pour le tirer ; je n'ai « été qu'un instrument, je n'ai fait que prêter mon « bras : c'est la nation qui a fait tout le reste. » Puis, prenant un ton plus ému, il dit : « Je me suis « souvent demandé, en relisant notre constitution, « qu'est-ce qui lui avait valu cette faveur d'être à « la fois la plus jeune et la plus ancienne des « constitutions qui soient au monde. Et je me suis « répondu : C'est que, dans cette constitution, « ses immortels auteurs ont écrit le principe ad- « mirable de la liberté pour tous et qu'en le fai- « sant, ils ont prophétisé non-seulement l'avenir « de leur pays, mais l'avenir du monde entier. « Ils ont annoncé qu'un jour viendra où, le poids « qui pèse sur les épaules de tout homme venant « en ce monde sera allégé, et c'est parce qu'ils « ont mis ce principe dans leur constitution que « cette constitution a duré. Pour moi, je ne sais « pas ce qu'elle deviendra dans l'avenir ; mais, « avant de me faire renoncer à ses principes, *on* « *m'assassinera sur la place.* »

Ces paroles ne faisaient pas seulement allusion à

un pressentiment qui, depuis qu'il avait été nommé Président, agitait l'âme de Lincoln ; il faisait allusion à un complot qui, pendant son voyage, avait été ourdi contre sa vie, complot tellement menaçant, qu'il lui fallut prendre un chemin détourné et aller par Baltimore à Washington, où il arriva sans être attendu, pour éviter les misérables qui l'attendaient sur la route.

Messieurs, il était installé le 4 mars 1861 à Washington ; il avait été nommé régulièrement le 6 novembre 1860, et le 10 novembre, à Charleston, la séparation de la Caroline du Sud avait été proclamée. Il prononça son premier message d'inauguration au mois d'avril 1861, et quelques jours après, le fort Sumter était bombardé et la guerre civile éclatait ; en sorte que cet honnête Président, en quittant son habit d'avocat, se trouvait tout d'un coup en face d'une guerre civile qui dura quatre années, prit des proportions gigantesques et coûta aux États-Unis plus de dix milliards avec un million d'hommes !

Vous me permettrez, Messieurs, de ne pas vous raconter cette guerre ; je ne le puis pas et je ne le veux pas ; je ne le puis pas, parce qu'évidemment il faudrait entrer dans des détails que l'imagination ne peut se représenter, qu'il faudrait avoir une carte du pays, citer des noms que je ne pourrais prononcer ni vous faire retenir, et puis, j'ai une autre raison !

Je ne suis pas plus insensible qu'un autre à la gloire militaire, surtout quand elle est celle de mon pays. Quand j'entends raconter nos grandes guerres avec la merveilleuse facilité de ce grand esprit, notre historien national, dont j'aime à faire reten-

tir ici le nom illustre, quand je lis les pages de
M. Thiers, je me sens pris, moi aussi, de l'ardeur
de la gloire des combats ; il me semble qu'il n'y a
pas de plus beau spectacle au monde que celui de
tous ces jeunes gens armés à la fois, enthousiastes
et disciplinés, qui vont jouer leur vie pour l'honneur du drapeau de la patrie. Mais, Messieurs,
avez-vous quelquefois parcouru un champ de bataille, ayant à la main un de ces livres consacrés
aux récits des grandes guerres ? Vous ouvrez le
livre, vous tournez la page, vous croyez que votre
imagination va reproduire sur le terrain ces luttes
ardentes, enflammées, vous croyez que vous allez
contempler le choc des vivants. Ah ! que vous êtes
bien vite détrompés ! le livre vous tombe des
mains ; ce que vous rencontrez, ce sont quelques
ossements blanchis, des cendres et des débris, et
alors, Messieurs, de tous les brins d'herbe qui
poussent sur cette tombe immense qui s'appelle un
champ de victoire, il semble qu'il sorte des voix !
Ce sont les voix de ceux qui sont morts, et les voix
de ceux qui sont morts nous disent : Vous qui
vivez, vous qui jouissez de la lumière qui nous a
été ravie, apprenez ce que coûte la discorde, et sa-
chez le prix de la paix ! Ces voix, si vous savez
leur prêter l'oreille de votre cœur, elles vous tien-
nent encore un autre langage. Après la victoire, et
surtout en Amérique, surtout après une guerre
civile, les cendres des vainqueurs et des vaincus
sont mêlées, on ne peut plus les distinguer, il y a
donc eu des morts des deux côtés, et, par consé-
quent, il y a eu des deux côtés de l'honneur, de la
valeur, de la sincérité, du patriotisme, de la bonne

foi, du sang répandu. Ne distinguez plus dans la vie ceux qui ne peuvent plus être distingués dans la mort, et, sur les champs de bataille, en même temps que vous apprenez à parler de la paix, apprenez à parler de la concorde et de la réconciliation !

Passons donc sous silence le récit de cette guerre, et demandons-nous simplement et brièvement ce que faisait, pendant la période des batailles, l'honnête Lincoln à Washington, dans cette Maison blanche qui est le palais du souverain, maison bien simple où tout le monde est admis.

Lincoln avait à y mener à la fois une vie politique et une vie publique ; il avait à conduire son pays dans les hasards d'une guerre qui devenait formidable, et il avait aussi à représenter le peuple dans les devoirs quotidiens de la fonction de président.

Vous savez qu'il est d'usage aux États-Unis que tous ceux qui veulent entrer chez le Président y entrent sans audience deux jours par semaine. Il y a une expression pour cela, on est admis, passez-moi l'expression, mais elle est populaire aux États-Unis, *à pomper la main* du Président, et tous ceux qui veulent viennent *pomper*.

Lincoln, dès le commencement de sa présidence, se soumit avec plus de cordialité qu'aucun de ses prédécesseurs à cet usage singulier. Un jour, il avait à sa table un major de l'armée qui lui dit : « Vous êtes bien bon de recevoir tout ce monde ; à l'armée, le général en chef fait recevoir ses visiteurs par ses aides de camp, et ce n'est que pour les affaires importantes qu'il donne audience. » —

Lincoln répondit : « Il est possible que les choses se passent de la sorte dans vos camps, mais c'est ainsi que dans la vie civile, au lieu d'être le représentant du peuple, on devient un personnage officiel qui ne sait plus rien que d'officiel. Pour moi, sans doute, les réceptions me font perdre bien du temps, mais cependant, en me mettant ainsi en contact avec tous, je respire le même air que le peuple qui m'entoure, il m'est plus facile de me souvenir que j'en suis sorti et que dans deux ou trois années je dois y rentrer ; j'appelle cela *mon bain d'opinion publique.* »

Ceux qu'il recevait ainsi pouvaient se classer en plusieurs catégories.

Il y avait d'abord les inutiles ; ceux-là, je n'en parle pas, il est probable que c'était le plus grand nombre. Il y avait ensuite les pauvres et les souffrants, auxquels il donnait les plus longues audiences, surtout quand c'étaient des blessés militaires. Puis il y avait les mécontents qui blâmaient ses actes et voulaient que d'autres mesures fussent prises. Avec ceux-là, il s'en tirait, grâce à son imperturbable bonne humeur, en leur racontant des histoires, dont vous me permettrez de redire quelques-unes, afin d'égayer ce que cette causerie a d'un peu sévère.

Un jour, on vient lui dire qu'il fallait destituer le général Grant, qui est maintenant l'illustre et populaire Président des États-Unis. C'était à la suite de nombreuses défaites des armées du Nord, car vous savez qu'elles ont commencé par être souvent battues. Grant, avec Sherman, avait été l'un des premiers généraux du Nord victorieux :

on vint lui demander de le destituer. « Pourquoi ? demanda-t-il. — C'est parce que, lui dit-on, il boit trop de wiskey » ; à quoi Lincoln répondit simplement : « Ah ! il boit trop de wiskey; pouvez-vous me dire où il se le procure ? parce que j'aimerais assez à en envoyer un baril aux autres généraux. » Une autre fois, on lui dit : « Voilà bien des défaites, elle est bien dure cette guerre, on entend encore le canon qui tonne de tel côté. — Tant mieux ! s'écria-t-il. — Quoi ! il y a déjà tant de sang versé et vous dites *tant mieux !* en apprenant que le canon se fait entendre ! — Oh ! dit-il, je me rappelle qu'il y avait dans mon voisinage à Springfield une brave femme qui avait beaucoup d'enfants, ils étaient toujours dans la rue et elle ne savait ce qu'ils faisaient, et quand elle en entendait un qui criait, elle disait : « Ah ! au moins, je suis sûre qu'il y en a un encore en vie. »

A côté des mécontents, il y avait les pressés qui lui disaient : « Allez donc plus vite, émancipez tout de suite les esclaves, provoquez les étrangers. » A ceux-là, il répondait : « Vous voulez que j'émancipe les esclaves, mais je suis avant tout chargé de sauver l'Union; j'aime mieux sacrifier une jambe et sauver le corps, et quant aux esclaves, j'y viendrai. Lorsque j'étais dans la forêt, je savais bien qu'il y avait des torrents, mais je ne me suis jamais demandé comment je les traverserais avant d'être arrivé au bord. » Une autre fois il disait : « Quand Blondin passe sur la corde roide la cataracte du Niagara, vous ne dites pas : Blondin se tient trop à gauche ou trop à droite, il a mal fait l'essai de sa gravité, Blondin n'est pas bien habile,

Blondin n'est pas joli garçon ; vous retenez votre haleine, vous faites des vœux pour qu'il arrive de l'autre côté. Eh bien! je suis comme Blondin, je traverse sur un fil une épouvantable cataracte ; je vous prie, retenez votre haleine et faites des vœux pour que j'arrive de l'autre côté. »

Mais il y en avait d'autres, Messieurs, qui n'étaient ni les pressés ni les mécontents; c'étaient les lâches ou les faibles, qui auraient voulu des compromis. On vint lui demander un jour de traiter avec les séparatistes, et il répondit encore par une petite histoire : « J'ai connu, dit-il, un charpentier, dans ma jeunesse, qui se vantait de faire des ponts sur tous les torrents. Un jour, pour se moquer de lui, on lui dit : est-ce que vous feriez bien un pont entre la terre et l'enfer ? Il répondit : Oui, je bâtirais très-bien un pont entre la terre et l'enfer, seulement, je crois que de l'autre côté il n'y a pas de point d'appui; vous me demandez de faire un pont entre les États-Unis et les confédérés, seulement, je crois que de l'autre côté il n'y a pas de point d'appui. »

Comme on insistait en racontant que Charles Ier avait traité avec son parlement, il répondit à celui qui avait présenté cet exemple historique : « Je n'entends rien à l'histoire, demandez à mon secrétaire d'État ; cependant, je crois bien me rappeler que Charles Ier y a perdu la tête. »

Gai, familier en face du public, cet homme vraiment extraordinaire se retrouvait soucieux et grave en face des devoirs de sa haute fonction. Il travaillait le jour et la nuit. Son premier soin avait été de choisir pour ministre ses concurrents eux-mêmes, et les hommes les plus considérés de l'Union, l'illustre Seward, le savant Chase, l'énergique Stanton. Sans être ni guerrier ni financier, ni orateur, ni diplomate, il organisait l'armée et lui donnait des chefs comme Mac Clellan, Meade, Sheridan, Sherman, Grant ; il obtenait du pays des sacrifices immenses ; il inspirait et imposait confiance au Congrès ; il tenait tête avec dignité au mauvais vouloir des puissances étrangères ; enfin il communiquait avec le pays et avec l'opinion universelle par des *Messages* toujours pleins de force, de franchise et souvent d'éloquence.

Ses biographes nous ont appris à quelle époque il était devenu éloquent ; il devait ce don surtout à Shakespeare, pour lequel il avait, à la fin de sa vie, une admiration passionnée. C'était, avec sa mère, la Bible, Washington et Blakstone, son cinquième instituteur. Il savait par cœur et il récitait souvent avec âme des scènes entières de *Macbeth* ou d'*Hamlet*. Nous savons aussi qu'il murmurait, en pleurant, des vers mélancoliques, lorsque son cœur était déchiré, comme il le fut au début de la guerre, par la mort du colonel Ellsworth, son ami, par la nouvelle de tant de désastres successifs, mais surtout par la perte d'un de ses trois fils, William.

Frappé de ces malheurs, cet homme sensible et chrétien les avait regardés en silence comme des châtiments d'en haut, et il avait fait vœu, si la fortune revenait à ses armes, et si les nécessités de la guerre lui conféraient un pouvoir dictatorial, de prononcer l'émancipation des esclaves. C'est en 1862 que le moment lui parut enfin venu et qu'il

rédigea lui-même la proclamation d'émancipation.
C'est le 22 septembre qu'elle fut publiée, et ce fut
seulement le 1ᵉʳ janvier 1863 qu'elle fut suivie d'une
proclamation définitive. Je ne vous raconterai pas
en détail l'histoire de cette proclamation immor-
telle, qui place à jamais Lincoln au rang des plus
grands bienfaiteurs des hommes. J'aime seulement
à penser avec vous à la joie qui dut inonder ce
cœur abreuvé de tant d'amertumes! Quel souffle
d'air pur et frais sur ce front penché et baigné de
sueur! Dites-moi, y a-t-il dans les longues années
de l'histoire, dans les jours sans nombre de la vie
des hommes sur la terre, quelque chose d'aussi
beau que cette minute, cette seconde sacrée, où ce
fils d'ouvrier, cet honnête homme, nourri de la vie
de Washington et de la Bible, ce chrétien, put
mettre son simple nom au bas d'une page qui
émancipait tout d'un coup quatre millions de
créatures humaines! Non, je ne crois pas qu'aucun triomphateur, aucun conquérant, aucun fon-
dateur d'empire ait eu dans sa vie un acte et
un moment comparables à l'acte et au moment
qui porteront jusqu'à la postérité la plus reculée le
nom d'Abraham Lincoln, le libérateur des esclaves!

Voici, Messieurs, par quels termes véritablement
éloquents se termine cette page d'honneur du
XIXᵉ siècle.

« J'ordonne et je déclare que toutes les per-
» sonnes tenues comme esclaves, dans les États,
» sont et seront désormais *libres*, et que le gou-
» vernement, l'armée, la marine, feront recon-
» naître et maintenir leur liberté.

» Sur cet acte, regardé sincèrement comme un
» acte de justice, autorisé, en cas de nécessité mi-
» militaire, par la Constitution, j'invoque la faveur
» de Dieu et l'opinion du monde !
» Donné à Washington, le premier jour de jan-
» vier, la 1863ᵉ année du Seigneur et la 87ᵉ année
» de l'indépendance.

         » ABRAHAM LINCOLN.

 » WILLIAM SEWARD. »

Ni la faveur de Dieu ni l'opinion du monde ne lui
manquèrent, car l'année 1864 fut une année de
triomphe, et l'année 1865 vit à la fin la réélection
sans conteste du président Lincoln, la prise de
Richmond par Grant, la capitulation si honorable
du général Lee, et celle non moins honorable et
non moins courtoise du général Johnson devant
Sherman.

C'est le 4 mars 1865 que Lincoln fut réinstallé
Président des États-Unis. C'est le 5 avril que
Richmond fut pris. Il s'y rendit le 7, et il y fit une
entrée admirable, aux acclamations de son armée
victorieuse et des pauvres noirs affranchis, qui
baisaient la trace de ses pas. C'est le 11 avril qu'il
devait mourir martyr sous les coups d'un assassin !

Il ne me reste plus pour achever cette vie mé-
morable et déposer dans votre souvenir quelque
chose de l'enthousiasme qui m'anime en présence
de cette grande mémoire, il ne me reste plus, pour
vous la faire nettement apprécier et mesurer
à sa véritable grandeur, qu'à vous faire entendre les paroles que cet homme, qui n'était
pas un lettré, qui n'était pas un maitre dans

l'art d'écrire, ni un grand génie, adressait à son pays dans son dernier message d'inauguration du mois de mars 1865 :

« Concitoyens,

» Au moment de prêter pour la seconde fois le
» serment pour la présidence, j'ai moins à vous
» dire que la première fois. Alors un exposé dé-
» taillé de la conduite à tenir était nécessaire.
» Maintenant, après quatre années pendant les-
» quelles l'opinion publique a été consultée à
» chaque point, à chaque phase du grand conflit
» qui absorbe encore l'attention et occupe l'éner-
» gie de la nation, peu de choses nouvelles peuvent
» vous être dites.

» Les progrès de nos armes, dont tout dépend
» principalement, sont aussi bien connus de la
» nation que de moi-même, et, j'en ai la con-
» fiance, ils sont de nature à nous satisfaire et à
» nous encourager. Avec une pleine espérance
» dans l'avenir, je ne puis cependant aventurer
» aucune prédiction.

» A la même date, il y a quatre ans, tous les
» esprits inquiets s'attendaient à une guerre
» civile imminente. Tous la redoutaient ; tous
» cherchaient à l'éviter. Pendant que je vous
» adressais, à cette place, mon discours d'inaugu-
» ration, dévoués ensemble à sauver l'Union sans
» guerre, des agents parcouraient la ville, cher-
» chant à détruire l'Union par la guerre, à la dis-
» soudre et à la diviser. Les deux partis maudis-
» saient la guerre ; mais l'un aimait mieux faire

» la guerre que de laisser vivre la nation, l'autre
» que la laisser périr, et la guerre éclata.

» Un huitième de la population se composait
» d'esclaves de couleur cantonnés au sud de l'Union.
» Ces esclaves étaient un intérêt particulier et
» puissant. *Tout le monde savait, qu'ils étaient,
» en réalité, la cause de la guerre.* Fortifier,
» étendre, perpétuer cette institution était l'objet
» qui poussait les insurgés à rompre l'Union par
» les armes, tandis que le gouvernement réclamait
» seulement le droit de la limiter sur le territoire
» national.

» Aucun des partis ne supposait que la guerre
» dût atteindre de telles proportions ou une si
» longue durée. Aucun ne supposait que la cause
» du conflit cesserait avec ce conflit ou même
» avant. Chacun s'attendait à un triomphe plus
» aisé, à un résultat moins fondamental, moins
» surprenant. »

» Des deux côtés, nous lisons la même Bible,
» nous prions le même Dieu, et chacun l'invoque
» contre son adversaire. *Il peut sembler étrange
» que des hommes osent invoquer le Dieu juste, en
» mangeant du pain à la sueur du front d'autres
» hommes; mais ne les jugeons pas, pour ne pas
» être jugés.* Les prières des deux partis ne pou-
» vaient pas être exaucées à la fois. Aucune ne l'a
» été pleinement. Le Tout-Puissant a ses voies.
» Malheur au monde à cause des scandales, il faut
» qu'il y ait des scandales, mais malheur à ceux
» par qui vient le scandale!

» Si nous pouvons supposer que l'esclavage
» américain est un de ces scandales permis par

» Dieu, mais qu'il lui plait enfin de détruire, et
» s'il a déchaîné au Nord et au Sud à la fois cette
» terrible guerre comme le châtiment dû à ceux
» par qui a été fait le scandale, pouvons-nous voir
» dans ceci aucune dérogation à ces attributs que
» tous ceux qui croient à un Dieu vivant lui recon-
» naissent ? Nous espérons profondément, nous
» devons demander avec ferveur, que cette terrible
» malédiction de la guerre cesse enfin.

» Maintenant, si *la volonté de Dieu est que la*
» *guerre continue jusqu'à ce que toute la richesse*
» *acquise pendant deux cent cinquante ans par*
» *le travail des esclaves soit épuisé, et jusqu'à ce*
» *que chaque goutte de sang tirée par le fouet soit*
» *payée par une autre goutte de sang tirée par le*
» *sabre,* il faut encore redire ce qui a été dit il y
» a trois mille ans : « Les jugements du Seigneur
» sont justes et entièrement droits. »

» Sans méchanceté pour personne, avec fermeté
» dans le droit, autant que Dieu nous permet de
» saisir le droit, travaillons à finir la tâche dans
» laquelle nous sommes engagés, à panser les
» plaies de la patrie, à récompenser ceux qui se
» battent pour elle, leurs veuves, leur orphelins,
» à faire tout ce qui peut amener et consolider une
» juste et longue paix entre nous et avec tous les
» peuples. »

Celui qui, revêtu de la plus haute puissance du
monde, commandant à plus de huit cent mille
soldats, premier magistrat d'une nation de trente
millions d'hommes, à la veille de la réconciliation
ou au moins de la pacification de son pays, écrivait
ces belles paroles, si solennelles, si touchantes que

je ne crois pas qu'il en soit jamais tombé de plus belles des lèvres d'aucun souverain de ce monde, cet homme se rendit le 15 avril 1865 à une représentation dramatique, malgré lui, mais parce qu'on y avait annoncé sa présence et qu'il ne voulait pas se soustraire à cet hommage, que, dans sa modestie, il regardait comme rendu à la liberté recouvrée des esclaves et à l'union recouvrée de sa patrie et non à sa personne. C'est alors qu'un misérable, dont le crime, je veux le dire et je le crois, était isolé, un misérable, un fou, d'une main assurée, lui tira dans la tête un coup de pistolet qui l'étendit roide mort entre sa femme et ses enfants.

Messieurs, ne croyez pas, je vous prie, un seul instant, que je plaigne ici cette mort. Non : cette mort soudaine a ajouté à la gloire de Lincoln une majesté véritablement incomparable. Non ! cette mort est une leçon de plus, elle apprend que le sang versé rejaillit avant tout sur les mains qui le versent, et passe du flanc de la victime au front du meurtrier. Détestons, maudissons ensemble, les crimes politiques, l'échafaud aussi bien que le poignard ! Si celui qui verse le sang n'est qu'un fanatique isolé, il tombe dans ce charnier, où l'oubli public ensevelit avec réprobation les grands criminels ; mais s'il représente une cause, ce sang de la victime rejaillit sur la cause, et au moment même où le fanatique a pu se dire que sa cause était triomphante, elle est vaincue, parce qu'elle est déshonorée !

La mort de Lincoln ajoute donc à sa mémoire plus de grandeur, et aux leçons qui sortent, comme autant de rayons éclatants, de cette belle vie, elle ajoute une leçon supérieure.

Et maintenant, que vous dire de la cérémonie de ses funérailles? Vous pensez bien ce que dut être l'émotion, la consternation de la nation tout entière. Au sud comme au nord, quand on apprit cette fin violente de la capitulation de Richmond, lorsque l'œuvre n'était pas encore complétée, que la réconciliation était insuffisante, ce fut un deuil universel. Le travail, et en quelque sorte la vie nationale, s'interrompirent pendant quelques jours, lorsque les restes du pauvre Lincoln, d'abord présentés à une foule immense et éperdue, furent portés de ville en ville. Il avait suivi dans le triomphe de son pouvoir naissant, cinq ans auparavant, la route de Springfield à Washington; ce fut un autre triomphe funèbre, lorsque ses restes partirent de Washington, s'arrêtant dans toutes les capitales des États, et lorsqu'à la fin ils arrivèrent dans cette petite ville de Springfield, dans cette patrie de sa jeunesse et de son obscurité, où on l'avait vu venir tout enfant, pauvre, en haillons, où il avait travaillé, où il avait grandi, qu'il avait quittée pour devenir Président de la République et où il revenait Martyr, mais après avoir assuré la victoire de cette grande cause de la patrie et de la liberté pour laquelle il était prêt alors à donner et il avait en effet donné sa vie.

Fermons maintenant l'histoire pathétique de cette belle existence.

Est-ce que je n'avais pas raison, Messieurs, de vous dire en commençant que j'allais vous intéresser à un sujet étranger ou plutôt supérieur à toutes les passions politiques? Est-ce que dans tous les pays, à toutes les époques, à quelque parti, à quelque race que l'on appartienne, on ne se sent pas ému d'admiration devant le spectacle de la résurrection d'un grand peuple, du triomphe d'une juste cause, des actes irréprochables d'un honnête homme au pouvoir?

Deux fois en un siècle les États-Unis ont montré au monde un peuple de marchands et de paysans qui engendre une armée sans que cette armée engendre un despote, et sans que l'esprit militaire tue l'esprit de liberté. Un signe évident de Providence s'est montré, clarté bien rare ici-bas! dans cette guerre commencée sans aucun projet d'affranchissement des esclaves et qui se termine par ce grand acte de justice et d'humanité, dont nul n'a depuis quatre ans à regretter les conséquences, qui donnent chaque jour un démenti aux sinistres prédictions.

Enfin nous avons vu, nous avons suivi, nous avons entendu le plus honnête des hommes se tirant à sa gloire, sans fouler aux pieds ni un droit ni une vertu, de circonstances effroyables. L'espèce humaine a produit un héros!

Je n'exagère rien, Messieurs. On nous parle des grands travaux d'Hercule, on nous raconte les légendes de ces chevaliers qui ont donné leur vie pour la vérité. Est-ce qu'il y a quelque chose de plus beau dans ces vieux souvenirs que la vie du bûcheron de Springfield?

Il me semble le voir d'abord au pied d'une montagne, peu à peu, puis s'élevant jusqu'au sommet, en traversant toutes les difficultés, toutes les épreuves semées par une main mystérieuse sur le chemin si dramatique de sa vie. Il a rencontré d'abord, en sortant de son berceau, la pauvreté ; à force de travail, il a surmonté ce monstre et la pauvreté a reculé. Il a rencontré ensuite l'ignorance, et prenant sur ses jours et sur ses nuits tous les instants qu'il pouvait arracher au travail, il a surmonté l'ignorance. Il a monté encore plus haut, et il a rencontré le préjugé, le préjugé, le plus redoutable des ennemis, celui qui s'appuie sur l'opinion et sur l'origine, il l'a combattu corps à corps, et il en est encore devenu le maître, aux applaudissements d'un peuple qui l'a porté au pouvoir qu'il n'avait pas cherché. Mais tout n'était pas dit ! Sur ce sommet, il a rencontré l'ambition, l'ambition personnelle, l'ambition égoïste, monstre séduisant et terrible avec lequel cet honnête homme n'a pas hésité à se mesurer encore, et qu'il a fini par écarter de son chemin, dédaignant de fonder sa famille, pourvu qu'il lui fût donné de fonder sa patrie.

Je le contemple enfin, Messieurs, comme au milieu d'un vaste incendie, un incendie où il se jette la tête la première parce qu'il faut sauver les lois de son pays, les lois d'un pays sur lequel le monde entier a les yeux, il faut arracher des esclaves aux horreurs de la servitude. Je le vois se jeter dans cet incendie, prendre la patrie comme une mère et la porter sur ses épaules, briser les chaines de ses frères, les émanciper et mettre son nom au bas de l'acte qui assure à jamais leur titre d'hommes libres. Je le vois enfin, quand l'incendie s'apaise, frappé lui-même, tombant mort, les yeux agonisants, mais pouvant encore jeter un dernier regard satisfait sur sa patrie pacifiée et sur ses frères en liberté !

Vous permettrez bien que j'admire, dans cet homme, non-seulement un type supérieur de la race américaine, mais un des types les plus élevés et les plus respectables de la race humaine. J'éprouve, en prononçant le nom d'Abraham Lincoln, ce frémissement d'admiration qu'on éprouve lorsqu'on dit en découvrant sa tête : *Voilà un grand homme!* Je sens aussi dans ma poitrine ce frisson bien plus rare, ce sentiment de respect attendri qui envahit l'âme lorsque, passant à côté d'un ces hommes choisis pour être un des dominateurs du monde, on peut dire, en toute sécurité de conscience : J'ai vu un grand homme, mais j'ai vu avant tout un *brave homme !*

Paris. — Imp. A.-E. Rochette, 72-80, boulevard Montparnasse